Tsuro naGudo

Misi Yese Haifanani

DanTs Media Dzavapwere

Rondedzero na Daniel Mutendi
Mifananidzo na Wilbur Kandiero

Kuvana vangu;   Jasmine Mufaro Mutendi
                 naDaniel Djimon Mutendi

DanTs Media Publishing
Zimbabwe
admin@jewelmagazine.co.zw

Tsuro naGudo; Misi Yese Haifanani

©Daniel Mutendi 2015

Illustrations by Wilbur Kandiero
Edited by; Eric Mazango; Patrick Zhou; Chipo Maredza and Washington Dube

Cover Design by; Daniel Mutendi and Wilbur Kandiero

All rights reserved. No part of this publication may be reproduced, stored in a retrieval system or transmitted in any form or by any means, electronic, mechanical, photocopying, recording or otherwise without prior written permission from the publisher

First Printed in 2015

Printed in South Africa
Raptor Print
www.raptorprint.co.za

ISBN 978-0-7974-6569-5

TSURO NAGUDO

Nhuriro

Mashoko omurondedzeri werungano 'Tsuro naGudo; Misi Yese Haifanani'

Gwaro rino ndakarinyora riridanho rekuedza kuti vana veZimbabwe tibatsirike pakuchengetedza ndimi dzamadzimai edu. Vanhu vakawanda muZimbabwe uye muAfrica havachakoshesi mitauro yemadzitateguru edu. Vazhinji vavakutosvoda kuhwikwa vachitaura mitauro iyi, uye vamwe votoita zvemaune kuramba kudzidza mitauro yamadzimai edu. Nokudaro, tsika dzedu dzakanaka zhinji dzirikuparara, nekuti zhinji dzacho, dzinowanikwa dzakasekera mumitauro yedu.

Mutauro wakashandiswa mugwaro rino wakanyanya kurerekera kuchiKaranga. Naizvozvo vaverengi vachasangana nemamwe mahwi angaita sekuti haasi echiShona. Hon'o, varungu vakauya vakatigadzirira kuti mutauro wedu wechiShona unyoreke, vakaita basa guru kwazvo, asi vakatora rurimi kubva kurutivi rumwe vakati muchiShona hamuna; L;Q na'X'. Asi kana VaKaranga tohwereketa, unohwa 'L' kana 'Q' ichibuda, saka ini ndakanyora semahwiro iwawa.

Fananidzo yamashoko okuti muverengi anogona kusangana nawo akadero ndeawa anemavara matsvuku:

    Kudya-----   Kudhla
    Kutya-----   Kuthla
    Kukwata---   Kuthlaka
    Muswe----   Muqhwe
    Tswanda---   Qhwanda
    Swedera---   Qhwedera

Izvi ndakazviitira kuti zvibetsere kuchengetedza mataurire anoita vaKaranga. Naizvozvo ndinokurudzira kuti kana varipo vamwe vanodavo kuchengetedza mataurire avanoita Shona kumatunhu ekwavo vanyorevo saizvozvo nekuti pasina kudaro, mitauro netsika dzedu dzakanaka zvinoparara zvachose.

Ngano iyi handinipi ndakaitanga, bodo. Imwe yengano dzaitaugwa nevaShona kupwere dzavo kubva mazuva akare-kare. Ini ndakazongowedzeravo zvimwe zvirungamutauro, vavariro iri yekuti mwana wanhasi akwanise kuhwisisa ngano iyi, asi dzidziso nemavambo engano iyi, inhaka yakabva kumadzitateguru edu.

Daniel Mutendi (Murondedzeri wengano ino)

Rutendo

Ndinoda kutenda vanhu vanotevera parubatsiro gwavakapa kuti gwaro rino ribudirire. Zvaizoshupa dai vasina kuzvipira kundiyamura pakunyora ngano ino.
- VaEric Mazango   Mupepeti
- VaPatrick Zhou   Mupepeti
- Washington Dube Mupepeti
- Chipo Maredza   Mupepeti
- VaWilber Kandiero   Mugadziri wemifananidzo yose yakashandiswa mungano ino.
- Tsitsi Mutendi (mudzimai wangu) uyo aindikurudzira kuti ndinyore gwaro rino chero nhambo dziya dzekuti moyo nefungwa zvaimboda kudzokera sure.
- VaFearless Mutendi, avo vaironga pamwe naVaZhou Patrick vari kuGokwe vachigashidzana zvinyogwa kuti ndikwanise kuita gadziro pane mitsara nemahwi zvavaiona zvakaminama.

Ndinodazve kutenda bambo vangu, His Grace Bishop N.S. Mutendi veZion Christian Church netsigiro yavo pamweya nezveukama hwangu naiye Musiki wedu. Ndinotenda ivo naBambo Samere Mutendi.

Pamusoro pavo vose ndinonyanya kutenda ivo Nyadenga. Dai vaisava neni panhambo dzandainyora, hapana zvandaikwanisa kubudisa. Ndinovimba vacharamba vachinditungamirira pazvirongwa zvinotevera.

Paivepo, karekare, mhuka nemiti zvichataura, kwaigara vamwe sekuru nemuzukuru wavo. Sekuru vainzi Gudo, muzukuru wavo ari kedu Tsuro Magen'a. Vaviri ava vaihwanana zvakanyanya chose. Pose pawaiona sekuru Gudo, waitoziva kuti Tsuro kari pedopedo.
Nyangwe zvavo vaviri ava vaiva nohushamwari hwemukombe nechirongo, VaGudo vaigaronyengegwa naTsuro. Zvaidaro nekuti sekuru Gudo raiva dununu ramakoko, ukuvo urozvi hwaTsuro hwaipinza chaizvo.

Tsuro Magen'a nasekuru vake Gudo vaihwanana chaizvo.
Kazhinji paionekwa Gudo, waitoziva kuti Tsuro ari pedopedo.

Zvino zvakaitika kuti nerimwe remazuva, njere dzaTsuro dzakasvika pakushaya basa, nekuti VaGudo vakanga varonga yakapenga.

Mumwaka wechirimo, mwanasikana mukuru waTsuro akaroogwa nejaya rekwaNjiri. Pakava nemufaro mukuru kwazvo mumusha waTsuro. VaTsuro vakabva varonga zvokuti paitwe mabiko makuru kwazvo ekupemberera chiitiko ichi.

Pakaroogwa mwanasikana waTsuro nejaya rekwaNjiri, Gudo ndiye akafambisa nyaya ari munyai.

Rakava bishi pagadziriro yemutambo uyu nemhaka yekuti waiva mutambo wekuonekana nemwanasikana wavo. Mazuva aizotevera, zhezha risati rasvika, musikana uyu aizoenda seri kwemakomo aiva kure, uko kwaiva nemusha waNjiri. Nenguva isipi, shoko remafundo rakafamba rikasvika nemuzheve dzasekuru Gudo. Rute gwavo gwakatanga kudonha ipapo-ipapo.

Gadziriro yemabiko pamusha paTsuro Magen'a

Mhuri yekwaGudo vanotozviona varimubishi rekunakigwa pamutambo wekwaMagen'a

Sekuru Gudo vakatoona vachigocha gakava rembudzi, havo vapihwa mukonde wesadza nenyama yehuku. A-aa, havo vavakutozviona vakabata chipfuko chirikututuma nedoro. "Hezvo, nhaimi, kozvomozadza imba yose nerute gwenyu imi musati matomboona zvichabikwa zvacho, bva musi wazvo vanhu vachatonyura kana kutoyeredzwa nawo mate enyuzve" Ndimai Gudo ava vaitaura nemurume wavo. "Haiwavo, ko imi diti rose zvarangoti tapa-tapa kunyorova nemasiriri, hakusi kukara ikoko? Tibvirei apa!" Vaviri vanosekana zvavo vachifara.

Vanorongera mabiko yakapenga. Vaiziva kuti Tsuro aiva shamwari yavo kwemakore akawanda zvekutoti pakuroogwa kwemwanasikana waTsuro, VaGudo
ndivo vakanga vaita munyayi waNjiri. Naizvozvo mhuri yekwaGudo yakafunga kuti hapana chaizovakonesa kuva pamafundo aigadzirigwa nevazukuru vavo vekwaTsuro Magen'a.

Mazuva akapindana, nguva yemabiko ikaqhwedera pedo. Zvaiita sekuti mumisha yese mudunhu iri, nyaya yaiva pamiromo yevanhu vose yaiva yemabiko ekwa Tsuro.

Vazhinji vaida kukokwa kumutambo uyu, asi vaizviziva kuti Tsuro waiva norutsuta rwusingabviri. Tsuro wainyima chose, asi mugoona kuti iye aikumbira-kumbira kumunhu wesewese. Rimwe remazuva kwavira, Tsuro nemudzimai wake vava muimba yavo yekuvata, mudzimai akati, "Zvamurimi mekufarisa tigoona mokoka sekuru venyu vemakaro Gudo kuti vauye kuzotisvodesa pano."
Tsuro akamboita sekuvhunduka, akabva azotsiga zvake hana.

Akambozama kuyeuchidza mudzimai wake kuti sekuru Gudo vacho ndivo vakanga vafambisa mashoko zvakanaka pakaroogwa mwanasikana wavo, asi mashoko awa akawira muzheve dzakanga dzakavhunikira zvitanda. Mukadzi wake haana kuda kuzviterera izvozvo. Tsuro akazomunyaradza nekumuyeuchidza kuti murume wake akanga ari mwana wekwa Magen'a, vakuru vekuruka mazano. Kana zviri zvemabiko, sekuru Gudo vaizongogumira kuhwa kunhuwira kwezvaizobikwa chete.

Tsuro anoyeuchidza mukadzi wake kuti sekuru Gudo ndivo vakafambisa nyaya zvakanaka pamarooro emwanasikana wavo

Achiona kusashanya kwemuzukuru wake Tsuro, Gudo akafunga kuti zvaikonzegwa nekuwanda kwemabasa egadziriro dzezuva guru iro rakanga rava kusvika.

Akatombotuma zvana zvake kundokumbira munyu kwaTsuro iri zhira yekuferefeta kuti kudhla kwaigadzirigwa kwakanga kwakaita sei chaizvo.

Vana vakamuudza zvehuku; mupunga; mashazhari uyevo zvechingavi chaikodzewa nokupuhwa mashanga emabagwe chiri mudanga. Kuzohwa izvi, sekuru Gudo vakashaya kuti voita zvekudii kuti nguva imhanye.

Vakuwasha; mhuri yekwaNjiri vanosvika pamusha paTsuro Magen'a

Sekuru Gudo vanopedza mukonde wesadza risina usavi vachingoseva mweya wainhuwirira kubva panezvaibikwa kumba kwaTsuro

Kwasara mazuva maviri kuti mutambo utange, vakuwasha; mhuri yekwaNjiri vakasvika pamusha waTsuro. Pakava nekumhanya-mhanya uye mufaro mukuru. Kwakatanga kubikwa zvainhuwirira.

Mweya wainhuwirira uyu wakasvika nepamusha paGudo wakasimba chaizvo.

Musi uyu Gudo akapedza mukonde wesadza risina usavi, asi achingoseva mumhepo chete. Akati aitohwa kunaka kwenyama yaibikwa kwaTsuro mumhepo imomo uye aitozoguta naizvozvo.

Pakava nomufaro mukuru pamusha paGudo apo mhuri yose yakakokwa kumabiko kwaTsuro. Mai Gudo vakapedza ruvazhe gose vachiita chamupidigori, uri mufaro uyoyo.

Ramangwana Tsuro akaenda kwasekuru vake VaGudo. Tsuro akati, "Mangwanani Musharukwa" Gudo ndokupindura achiti, "Aa-a, mangwananizve muzukuru, ko ndiwe warova kudai. Vakadiiko vapwere kumba kwako uko? "Ha-a sekuru, vapwere vonosvunura zvavo. Nhambo yose iri kupedzewa negadziriro yemhembero yemuzukuru-sikana wenyuzve uyu woinda kwaNjiri." Anodaro Tsuro. Vaviri vanozohwereketa havo dzimwe nyaya dzavo. Tsuro anozoudza Gudo chifambigwa chake. Anomuudza kuti iye Gudo nemhuri yake yose vaikokwa kumabiko pazuva raitevera.

Pamusha pakafariwa ipapa.
Mukadzi waGudo aingoita chamupidigori achitenderera ruvazhe gose.
Pakuoneka, Tsuro akazoudza sekuru vake kuti mabiko aiva nemutemo mumwe chete waifanigwa kutevedzegwa nawose waida kudhla. Tsuro akati "Wese anouya kumabiko anofanira kuva anemaoko akagezewa akachena chaizvo." "Zvega izvi?" Gudo akafunga nechemumoyo make, akati hazvainetsa. VaGudo vedu hataiziva kuti zvakanga zvarongwa naTsuro zvii.

Tsuro anopisa uqhwa hwakatenderera ruvazhe gwake

Zvikonzi (Mapurisa) zvinoita basa razvo zvichiongorora maoko avose vauya kumabiko.

Achibva kwaGudo, Tsuro akasvika achipisa uqhwa hwakanga hwakapoteredza ruvazhe gwake gose. Akakanda humwe pazhira mbiri dzaipinda pamusha pake akahupisavo.
Musi uyu kumba kwaGudo mhuri yose yakavata isina kudhla kwamanheru kuri kuitira kuti matumbu awane nzvimbo yekuzotora kudhla kwakawanda. Zuva rakazosara kubuda musi wemabiko vanaGudo vasvika pamusha paTsuro kare.
Mapurisa (Zvikonzi) akanga apihwa basa rekutarira maoko evaipinda mumusha akatanga basa rawo.

Sevamwe veni vose, vanaGudo vakakumbigwa kuti varatidze maoko avo kumapurisa. Avo akawanikwa akasviba. Vakanzi vambodzokera kundogeza maoko avo kugwizi, vozouya havo kana achena. Sezvamunoziva vanaGudo vanofamba vachidzamba pasi nemakumbo nemaoko, saka nhambo yoga-yoga yavaipfuura nemurutsva gwakanga gwakakomberedza musha waTsuro, maoko aisviba kuita matema-tema. Mutambo wakatanga, pakadhliwa nekumwiwa zvakaoma. Nyama yaisava yenhamo. Chiri chiiko chaishakwa musi uyu?

VanaGudo vanodzosegwa kugwizi runokwana runomwe kuti vandogeza maoko

VanaGudo vakatombozama kupoya naparutivi pemusha asi mbwa dzakabva dzangovagarira ipapoipapo.

Zvakatora nguva yakati rebei kuti sekuru Gudo nemhuri yavo vaone kuti vakanga vatambwa yakapenga nemuzukuru wavo. Apa vakanga vainda kugwizi kundogeza maoko runokwana runomwe asi pose pavaidzoka mapurisa aingovaudza kuti vodzokere kugwizi nekuti maoko avo airatidza svina yakawanda kwazvo. VanaGudo vakatombozama kumhanya vachipinda naparutivi pemusha asi mbwa dzakabva dzangovagashira ipapoipapo.

VaGudo vakatsamwa zvekuti chero makozho aiva mumba mavo akakonewa kuvatamo musi uyu. Vakazongoti nechomumoyo, "Nerimwe zuva zvichaiwana ngwarati kudhla ivete"

VanaGudo vanotsamwa chose nekukonewa kupinda mumusha waTsuro kuti vadhle pamwe nevamwe.

Chinokangamwa isanhu chitsiga chinoyeuka. Nguva yakafamba, Tsuro neveruzhinji vakakangamwa nezveutsinye hwakaitwa naTsuro, asi sekuru vazvo Gudo haana kukangamwa. Zvakamutorera nguva refu chaizvo asi akazorongavo zano rake rakazoomesa vazhinji mate mumuromo.

Gudo akaronga mutambo wekupembera zuva rekuzvagwa kwemwana wake mukomana mukuru. Akaitavo gadziriro yakaita mukurumbira mudunhu rose. Pamusha paGudo paibikwa doro raiva nemukurumbira mudunhu iri. VaTsuro Magen'a vaizviziva uye ndivo vaigara vachiravira zvipfuko zvose pamusha apa vamwe vasati vatanga. Naizvozvo ivo nemhuri yavo vakagadziriravo kuenda kumabiko awa.

Nezuva remutambo pamusha paGudo paiva nemufaro mukuru. Ruzha gwakahwikwa kubva kurekure. Vanhu vazhinji vakaenda kundoona zvaiitika. Vakamira vakakomberedza musha waGudo. VanaTsuro vakasvika vachizvikudza uye vachidada. Tsuro akati kune vaiwokera "Tidziurirei zvedu isu hama dzepano tipinde pamutambo wedu."

Gadziriro yemabiko ekwaGudo

Gadziriro yekwaGudo yakanga yakadarika yekwaTsuro kanopetwa rutatu.

Achiona muzukuru wake achisvika paruvazhe gwake, Gudo akamhanya akamugashira nemufaro mukuru. Zvose izvi zvaiitika mumaziso everuzhinji. Tsuro akati, "Masikati Musharukwa, mukati tinopona here nhasi nemipeta yose iripano iyi" Gudo akapindura achiti, "Masikati kani muzaya. Eee, zviri zvedoro riripano nhasi, unogona kutoshodoka rurimi nekunakigwa naro."

Gudo akazoti mhanyei akakwakukira muzimuti raiva pakati pemusha wake. Ava padavi repamusoro akadanidzira achiti, "Mutambo wepano unongova nemutemo mumwe chete. Kudhla nekumwa kuripano kunongowanikwa nevarimumuti chete, naizvozvo kwirai titange mutambo wedu vehama!"

Vachihwa izvi, vanhu vose vakaputika nekuseka. Vaiziva kuti vanaTsuro havaikwanisa kukwira miti. VanaTsuro vakatombozama kuti vakwire muti uyu asi zvakaramba. Makudo akadhla nekumwa ari kumaframhepo achidada zvawo. VaTsuro vakadanidzira vachiyedza kunyengerera Gudo, asi zvakashaya basa. Gudo akanga afuratira zvachose. Aingoyeuka kupatisiwa kwaainge akaitwa naTsuro gore riya. Uku vanhu vaiseka Tsuro vachimusvoveredza.
Ungazoti kusvoda here ikoko? Mazano ose ekwaMagen'a akashaya basa musi uyu. Zvakakona n'anga murapwa achida.

Vana Tsuro vanotombozama kukwira mumuti asi zvinoramba

Tsuro akashinyira nekutsamwa uye nekusvoda. Akakumbira kuti pasi pamumedze asi pasi pacho pakaramba kushama. Vana vaGudo vakatanga kumutema nemagodo avainge vapedza kun'un'una. Imwe chembere yegudo yakanga yadhakwa yakawa nemusana kubva mumuti ichiwira pamusoro paTsuro. Tsuro akagomera nekugwadziwa, apa vanhu vakatowedzera kumuseka zvinova zvakamusvota chaizvo.

Chembere yegudo inowira pamusoro paTsuro nekudhakwa.
Izvi zvinoita kuti Tsuro awedzere kugumbuka.

Iyi yakava nyaya yakataugwa nevanhu vakawanda vemudunhu iri nemamwe matunhu akapoterera. Vakawanda vakadzidza kuti, ukaitira vamwe utsinye mangwana zvinokubatavo. Mupimo wauonopima nawo vamwe, mangwana ziva kuti uchapimiwavo nawo.

Apa ndipo pakafira Sarungano!

Dzimwe dzengano dzinowanikwa muDanTs Media Dzavapwere series:

- Tsuro naGudo; Nyama Yeshumba Inonaka
- Tsuro naGudo; Pfumvu Ndiani?
- Tsuro naGudo; Kamba patsime
- Jikinya
- Chinyamapezi
- Mutongi Gava
- Handira Yaitaura

Tsuro naGudo

Misi Yese Haifanani

Tsuro Magen'a nasekuru vake Gudo vanowiriranana chaizvo asi Gudo anogara akapatiswa naTsuro. Vakuru vaiziva pavakati misi yese haifanani. Mungano iri mugwaro rino, tinoona Tsuro achiita mabasa ake ekushinhira sekuru vake Gudo. Zvinhu zvinozoshanduka apo sekuru Gudo vanotsiva nezhira yakaomesa vazhinji mate mumuromo.

DanTs Media Dzavapwere

Rondedzero na**Daniel Mutendi**
Mifananidzo na**Wilbur Kandiero**
ISBN 978-0-7974-6569-5

www.ingramcontent.com/pod-product-compliance
Lightning Source LLC
Chambersburg PA
CBHW042130040426
42450CB00003B/136